CONHECENDO A PSICANÁLISE FREUDIANA:

Um Livro Introdutório para Estudantes de Psicologia

Deivede E. Ferreira

CAROS LEITORES,

Deivede Eder Ferreira é um renomado psicanalista e escritor brasileiro, com vasta experiência na área da psicanálise e neuropsicologia. Ele possui pós-graduação nessas áreas, o que lhe confere uma grande expertise no assunto. Além disso, Deivede é autor de diversos livros que abordam temas relevantes e atuais da sociedade, sempre com uma abordagem psicanalítica.

Como escritor, Deivede tem uma escrita fluída e envolvente, que consegue prender a atenção do leitor desde as primeiras páginas. Suas obras são um convite à reflexão e ao autoconhecimento, trazendo à tona questões profundas sobre a mente humana e os desafios da vida em sociedade.

Como psicanalista, Deivede tem ajudado muitas pessoas a lidar com suas angústias e conflitos internos, utilizando técnicas psicanalíticas consagradas e sua vasta experiência clínica. Sua abordagem empática e acolhedora tem conquistado cada vez mais pacientes que buscam um acompanhamento profissional e efetivo.

Em resumo, Deivede Eder Ferreira é um escritor e psicanalista que tem deixado sua marca na sociedade brasileira, contribuindo para o enriquecimento do conhecimento e para o desenvolvimento humano.

DEDICATÓRIA

Este livro é dedicado aos meus queridos filhos: David, Clarice e Tales. David, meu pequeno grande companheiro de apenas 5 anos, é um verdadeiro prodígio em matemática. Desde cedo, ele demonstra uma habilidade incrível com números, e adora passar horas resolvendo problemas e desafios matemáticos. Além disso, David é um menino muito amoroso e carinhoso, que me ensina diariamente sobre o valor da família e do amor.

Clarice, minha pequena princesa de apenas 1 ano, é uma verdadeira bailarina em miniatura. Desde que começou a engatinhar, ela já demonstrava uma grande habilidade para o movimento e o ritmo, e hoje já dá seus primeiros passos de dança com muita graça e encanto. Além disso, Clarice é um raio de sol em nossas vidas, trazendo alegria e doçura para todos ao seu redor.

Tales é meu filho mais velho, um jovem sonhador que me inspira com sua força, coragem e sabedoria. Ele é um pensador profundo e sempre questiona o mundo ao seu redor. Seus sonhos são grandes, e ele está sempre buscando novas maneiras de realizá-los. Sua coragem e força de vontade são inspiradoras, e tenho certeza de que ele conquistará tudo o que deseja na vida. Estou orgulhoso de ser seu pai e serei sempre seu maior fã em todas as suas aventuras.

Este livro também é dedicado à minha querida Ana, que tem sido minha parceira e apoio inabalável em todas as fases da minha vida. Obrigado por me amar e apoiar, e por ser o centro da minha vida e minha fonte de força e motivação.

Dedico este livro aos meus pais, que sempre me incentivaram a buscar o conhecimento e a acreditar em mim mesmo. Obrigado por me ensinarem a importância da perseverança, determinação e trabalho árduo, e por sempre estarem ao meu lado, mesmo nos momentos mais difíceis.

Gostaria de dedicar este livro a todos os profissionais que trabalham na área da saúde mental e da psicologia, que dedicam suas vidas a ajudar os outros a encontrar paz, equilíbrio e felicidade. Vocês são verdadeiros heróis, e agradeço pelo seu compromisso em ajudar a curar e melhorar as vidas das pessoas.

Por fim, gostaria de dedicar este livro a todos os leitores que buscam entender melhor a psicanálise e suas aplicações na atualidade. Espero que este livro seja uma fonte útil de informações e conhecimentos, e que ajude a inspirar a busca pelo autoconhecimento e desenvolvimento pessoal. Obrigado por compartilhar esta jornada comigo.

SUMÁRIO:

INTRODUÇÃO

A psicanálise é uma das teorias psicológicas mais conhecidas e estudadas em todo o mundo. Ela foi criada por Sigmund Freud no final do século XIX e, desde então, vem sendo objeto de estudo e debate por profissionais e acadêmicos da área da saúde mental. Neste livro, vamos abordar a psicanálise freudiana e apresentá-la de maneira clara e acessível, com o objetivo de oferecer uma introdução aos estudantes de psicologia e profissionais da área.

A psicanálise é uma teoria que parte do pressuposto de que nossas ações, emoções e pensamentos são influenciados por conteúdos inconscientes, ou seja, por desejos, fantasias e traumas que não estão acessíveis à nossa consciência. A partir desse ponto de vista, a psicanálise busca compreender o comportamento humano a partir do estudo do inconsciente e de seus mecanismos.

Neste livro, apresentaremos os principais conceitos da psicanálise freudiana, como as duas tópicas, a divisão da mente em id, ego e superego, as pulsões, o complexo de Édipo, o processo psicanalítico e as técnicas psicanalíticas. Além disso, abordaremos as aplicações da psicanálise na clínica, na educação e na cultura, bem como as críticas que a teoria recebeu ao longo do tempo.

Ao longo dos capítulos, o leitor encontrará uma base sólida para entender os conceitos fundamentais da psicanálise e como eles são aplicados na prática clínica e em outras áreas. Esperamos que este livro seja útil e esclarecedor para todos os interessados em conhecer melhor a psicanálise freudiana.

O QUE É PSICANÁLISE

A psicanálise é uma teoria psicológica criada por Sigmund Freud no final do século XIX. Ela tem como objetivo entender o funcionamento da mente humana, especialmente o que se refere ao inconsciente. A psicanálise é um método de investigação e de tratamento de problemas emocionais, comportamentais e psicológicos.

A psicanálise tem como pressuposto básico a existência do inconsciente, ou seja, de uma parte da mente humana que não é acessível à consciência, mas que exerce uma influência importante no comportamento humano. A partir do inconsciente, a psicanálise busca compreender a origem dos conflitos emocionais e traumas psicológicos que afetam a vida das pessoas.

Além disso, a psicanálise também se ocupa da análise dos sonhos, da sexualidade e da infância como formas de compreender os processos mentais inconscientes. Freud acreditava que a infância é uma fase crucial para a formação da personalidade adulta, e que experiências traumáticas ou reprimidas nessa fase podem levar a problemas psicológicos no futuro.

A psicanálise se diferencia de outras abordagens psicológicas por sua ênfase na importância do inconsciente e do passado para a compreensão do comportamento humano. Ela não se baseia apenas em observações externas ou comportamentais, mas busca explorar a profundidade da mente humana, através de um processo de autoconhecimento e reflexão.

A psicanálise também é conhecida por ser uma abordagem terapêutica de longa duração, que pode durar anos ou até mesmo décadas. Isso se deve ao fato de que o processo de autoconhecimento e mudança requer tempo e dedicação, tanto por parte do paciente quanto do analista.

Em resumo, a psicanálise é uma abordagem psicológica que busca compreender a mente humana a partir do inconsciente, da análise dos sonhos, da sexualidade e da infância. Ela se diferencia de outras abordagens por sua ênfase na profundidade da mente humana e por ser uma terapia de longa duração.

BREVE HISTÓRICO DA PSICANÁLISE

A psicanálise é uma teoria e prática psicoterapêutica que teve início com as ideias de Sigmund Freud no final do século XIX e início do século XX. O termo "psicanálise" foi utilizado pela primeira vez em 1896, em um artigo de Freud chamado "As Neuropsicoses de Defesa". Desde então, a teoria psicanalítica se desenvolveu e se tornou uma das mais influentes no campo da psicologia e da psicoterapia.

A psicanálise teve suas raízes na neurologia, onde Freud trabalhava como médico. Inicialmente, ele desenvolveu a técnica da "cura pela fala", que consistia em fazer com que os pacientes falassem livremente sobre seus pensamentos e emoções. Essa técnica, mais tarde conhecida como livre associação, foi a base para a técnica psicanalítica.

Em 1900, Freud publicou seu livro "A Interpretação dos Sonhos", que é considerado o marco inicial da psicanálise. Nesse livro, ele expôs sua teoria de que os sonhos são a expressão dos desejos reprimidos do inconsciente e que sua interpretação pode ajudar a revelar esses desejos. Freud também desenvolveu a teoria do inconsciente, em que afirmava que grande parte do comportamento humano é determinado por impulsos inconscientes que não estão sob o controle da consciência.

A psicanálise se expandiu rapidamente e logo se tornou uma das teorias psicológicas mais importantes da época. Freud fundou a Sociedade Internacional de Psicanálise em 1910, que tinha como objetivo promover a pesquisa e a prática da psicanálise em todo o mundo. Vários de seus seguidores e alunos, como Carl Jung, Alfred Adler e

Melanie Klein, desenvolveram suas próprias teorias e práticas psicanalíticas, formando assim várias escolas psicanalíticas.

Durante a primeira metade do século XX, a psicanálise cresceu em popularidade, influenciando a cultura e a sociedade de várias formas. No entanto, a partir dos anos 60 e 70, a psicanálise foi alvo de críticas por parte de outros campos da psicologia e por movimentos sociais e políticos, como o feminismo e o pós-modernismo. Mesmo assim, a psicanálise continua a ser uma das teorias e práticas psicológicas mais influentes até hoje.

Neste capítulo, exploramos brevemente a história da psicanálise, desde suas raízes na neurologia até sua expansão e popularidade, bem como as críticas que recebeu ao longo do tempo. É importante entender a evolução da psicanálise para compreender melhor seus conceitos e práticas atuais.

Uma breve história da psicanálise no Brasil: desenvolvimento e desafios

O desenvolvimento da psicanálise no Brasil teve início no início do século XX, com a chegada de imigrantes europeus que trouxeram consigo conhecimentos e práticas psicanalíticas. Um dos principais nomes responsáveis por introduzir a psicanálise no Brasil foi o médico paulista Durval Marcondes, que estudou com Freud em Viena e fundou a Sociedade Brasileira de Psicanálise em 1927.

A partir daí, a psicanálise começou a ser difundida no país, com a fundação de outras sociedades psicanalíticas em diversas regiões do Brasil. Durante a década de 1930, a psicanálise brasileira teve uma importante contribuição do psiquiatra e escritor baiano Octávio Mello Alvarenga, que se tornou membro da Sociedade Brasileira de Psicanálise e trabalhou na divulgação da psicanálise através de seus escritos.

Nos anos seguintes, a psicanálise no Brasil passou por diversos desafios, como a censura do Estado Novo na década de 1940 e o regime militar nas décadas de 1960 e 1970, que limitaram a liberdade de expressão e de pesquisa na área. Porém, mesmo com esses obstáculos, a psicanálise continuou a se desenvolver no país, com a formação de novos profissionais e a consolidação das instituições psicanalíticas.

Hoje, a psicanálise é uma das principais correntes da psicologia no Brasil, com diversas instituições e profissionais atuando em áreas como clínica, pesquisa e educação. Além disso, a psicanálise brasileira tem sua própria identidade e aborda temas específicos relacionados à cultura e à sociedade brasileira.

A PRIMEIRA TÓPICA

A primeira tópica da psicanálise foi elaborada por Sigmund Freud em 1900, em seu livro "A Interpretação dos Sonhos". Ela é composta por três instâncias psíquicas: o inconsciente, o pré-consciente e o consciente. O inconsciente é a instância mais profunda e obscura da psique, onde estão armazenados os desejos reprimidos e os conteúdos recalcados. Já o pré-consciente é uma instância intermediária entre o inconsciente e o consciente, onde estão armazenadas as informações que não estão presentes no momento atual da consciência, mas podem ser trazidas à tona facilmente. Por fim, o consciente é a instância mais superficial e acessível da psique, onde estão presentes os conteúdos que estão presentes na experiência consciente atual.

O inconsciente, o pré-consciente e o consciente estão em constante interação na dinâmica psíquica, e a forma como eles se relacionam é fundamental para a compreensão do funcionamento psíquico humano. Segundo Freud, o inconsciente é a fonte dos nossos desejos e impulsos mais primitivos e selvagens, e é por meio dos mecanismos de defesa que o ego tenta manter esses conteúdos reprimidos e controlados. Já o pré-consciente é a instância onde estão armazenadas as informações que podem ser facilmente trazidas à consciência, e é por meio da livre associação e da interpretação dos sonhos que o psicanalista busca acessar esses conteúdos.

A primeira tópica da psicanálise é um conceito fundamental para a teoria e a prática psicanalíticas, e foi fundamental para o desenvolvimento da teoria do inconsciente e da técnica psicanalítica. Com o tempo, no entanto, Freud percebeu que a primeira tópica não era suficiente para dar conta da complexidade da dinâmica psíquica, e desenvolveu a segunda tópica da psicanálise, que incluía o id, o ego e o superego como instâncias psíquicas fundamentais.

Apesar de não ser mais a principal referência teórica da psicanálise contemporânea, a primeira tópica da psicanálise continua sendo uma referência fundamental para a compreensão do funcionamento psíquico humano, e seus conceitos ainda são utilizados de forma recorrente na prática clínica psicanalítica.

O Inconsciente

O conceito de inconsciente é um dos pilares da psicanálise e representa uma das mais significativas contribuições de Sigmund Freud para a compreensão da mente humana. Segundo Freud, o inconsciente é uma camada profunda da psique, onde ficam armazenados conteúdos que não são acessíveis à consciência imediata, mas que têm grande influência sobre o comportamento e os pensamentos do indivíduo.

De acordo com Freud, o inconsciente é constituído por desejos, impulsos, memórias, fantasias e traumas reprimidos, que ficam fora do alcance da consciência. O inconsciente também é responsável por processar as informações que não são percebidas pelo indivíduo, como os estímulos que passam despercebidos pelos sentidos.

Para Freud, o inconsciente é uma fonte de energia psíquica, representada pelo conceito de libido. A libido é responsável por motivar e impulsionar os comportamentos e os pensamentos do indivíduo, e é constantemente influenciada pelo conteúdo do inconsciente.

Freud desenvolveu diversas técnicas para acessar o inconsciente, como a associação livre, a interpretação dos sonhos e a análise dos lapsos de memória. O objetivo dessas técnicas é trazer à tona conteúdos inconscientes, a fim de que o indivíduo possa compreendê-los e integrá-los à sua consciência, promovendo o processo de cura e transformação pessoal.

Além disso, a teoria freudiana do inconsciente teve grande impacto em diversas áreas do conhecimento, como a psicologia, a filosofia, a literatura e as artes em geral. O conceito de inconsciente tornou-se fundamental para a compreensão da complexidade da mente humana e das suas manifestações na vida cotidiana.

Algumas das manifestações do inconsciente descritas na obra de Freud incluem:

Sonhos: os sonhos são um dos principais meios de expressão do inconsciente. Eles são formados por conteúdos reprimidos e muitas vezes têm um significado simbólico que pode ser interpretado para revelar conteúdos inconscientes.

Atos falhos: lapsos de memória, erros de fala, esquecimentos e outros tipos de "falhas" que ocorrem na comunicação podem ser interpretados como manifestações do inconsciente. Freud acreditava que esses atos falhos eram reveladores de desejos reprimidos ou conflitos internos.

Memórias reprimidas: experiências traumáticas ou dolorosas que foram reprimidas pelo consciente podem voltar à superfície através de sintomas físicos ou psicológicos. Freud chamou esse fenômeno de "retorno do recalcado".

Transferência: a transferência ocorre quando um paciente projeta sentimentos ou emoções inconscientes em um terapeuta ou outra figura de autoridade. Freud viu a transferência como uma oportunidade para o paciente lidar com seus conflitos internos.

*Exemplos de casos
clínicos relacionados à
manifestação do inconsciente
na obra de Freud:*

O caso de Anna O.: Anna O. era uma paciente de Breuer (amigo e colaborador de Freud) que sofria de sintomas físicos inexplicáveis, como paralisia e distúrbios na fala. Breuer descobriu que esses sintomas estavam relacionados a traumas emocionais do passado de Anna, que ela havia reprimido. Ao reviver e falar sobre esses traumas em um estado de hipnose, os sintomas desapareceram.

O caso de Dora: Dora era uma jovem que sofria de sintomas físicos, como tosse e dificuldade para respirar, que não tinham uma causa física identificável. Freud acreditava que esses sintomas eram a manifestação do conflito que ela tinha com seus pais e com o homem que tentou assediá-la.

O caso do Homem dos Lobos: O Homem dos Lobos era um paciente de Freud que tinha sonhos recorrentes sobre lobos e que sofria de uma variedade de sintomas, como ansiedade e insônia. Freud acreditava que esses sintomas eram a manifestação do medo que o paciente tinha de ser castrado, um medo que Freud acreditava ser comum em crianças e que podia levar a sintomas psicológicos mais tarde na vida.

O caso do pequeno Hans: Hans era um menino que sofria de fobias e ansiedade relacionadas a cavalos. Freud acreditava que esses sintomas eram a manifestação de um conflito que Hans tinha com seu pai e seus sentimentos em relação à sexualidade.

O caso da mulher histérica: Freud tratou muitas mulheres que sofriam de histeria, um distúrbio que envolvia sintomas físicos inexplicáveis, como paralisia e convulsões. Freud acreditava que esses sintomas eram a manifestação de traumas sexuais ou emocionais reprimidos.

O caso de Rat Man: Rat Man era um paciente que sofria de compulsões e obsessões relacionadas a ratos. Freud acreditava que esses sintomas eram a manifestação de um conflito que o paciente tinha com seus sentimentos em relação à sexualidade e a sua relação com sua mãe.

O caso de Schreber: Schreber era um paciente que sofria de delírios e alucinações relacionados a um sentimento de perda de controle sobre si mesmo. Freud acreditava que esses sintomas eram a manifestação de um conflito que Schreber tinha com sua identidade e com a relação com seu pai.

Pré-consciente

O pré-consciente é a segunda instância da primeira tópica da teoria psicanalítica desenvolvida por Sigmund Freud. Nessa instância, estão os conteúdos psíquicos que não estão presentes na consciência no momento presente, mas que podem ser facilmente trazidos à tona através de um esforço de recordação ou evocação.

O pré-consciente é como uma espécie de "depósito" intermediário para as informações psíquicas, em que os conteúdos podem ser acessados e trazidos para a consciência, caso necessário. Um exemplo disso seria uma informação que lemos em um livro, mas que não lembramos no momento presente.

Quando nos esforçamos para lembrar, a informação é trazida do pré-consciente para a consciência.

É importante destacar que o pré-consciente não é a mesma coisa que a memória. Na verdade, a memória é formada pelos conteúdos psíquicos que passam pelo pré-consciente e se tornam armazenados em alguma forma de registro mental. Dessa forma, podemos dizer que o pré-consciente é um processo intermediário na construção da memória.

Freud descreveu o pré-consciente como uma "zona intermediária" entre o inconsciente e a consciência, em que os conteúdos psíquicos ainda não atingiram a consciência, mas que podem ser trazidos à tona com facilidade. O pré-consciente é, portanto, uma importante instância para a psicanálise, uma vez que é a partir dela que é possível acessar e trabalhar com os conteúdos psíquicos inconscientes.

Um exemplo citado por Freud para ilustrar o conceito de pré-consciente é o de uma pessoa que lê um livro e, enquanto está lendo, está ciente do que está acontecendo na história. No entanto, quando interrompido, essa pessoa ainda é capaz de lembrar do que leu e recapturar suas lembranças. Isso ocorre porque as informações sobre o livro estavam no pré-consciente - elas não estavam conscientemente presentes no momento da interrupção, mas podiam ser recuperadas posteriormente.

Outro exemplo de processo pré-consciente citado por Freud é o ato de lembrar-se de um nome que estava temporariamente esquecido. Segundo ele, o nome em questão estava no pré-consciente, disponível para ser recuperado quando necessário. Freud argumentava que o pré-consciente é como um reservatório intermediário entre o inconsciente e a consciência, no qual a informação é mantida em um estado latente, pronta para emergir quando convocada pela consciência.

Consciente

O consciente, de acordo com a primeira tópica da psicanálise, é a parte da mente que contém os pensamentos, sentimentos e percepções dos quais temos ciência imediata. É a esfera da mente que é acessível à nossa consciência e que pode ser facilmente comunicada a outras pessoas. Freud concebeu o consciente como a ponta do iceberg, a parte que emerge da água, e que corresponde apenas a uma pequena fração da mente.

O consciente é, em grande parte, determinado pelo mundo externo e pelas exigências do mundo social. É a parte da mente que lida com o raciocínio, o planejamento e a tomada de decisões conscientes. No entanto, Freud argumentou que, embora possamos ter a ilusão de que controlamos nossas ações conscientes, a maior parte da nossa vida mental é impulsionada por forças inconscientes que operam abaixo da superfície da nossa consciência.

Para Freud, o consciente é o ponto onde o ego se comunica com o mundo externo e onde o ego luta para satisfazer suas necessidades e desejos, muitas vezes em conflito com o superego e o id. É o ponto de equilíbrio entre as exigências da realidade e as pulsões internas. O ego é a estrutura da personalidade que está em contato com a realidade externa e com as exigências do mundo social, e que se desenvolve a partir das necessidades do id.

Exemplos de conteúdo consciente podem incluir o pensamento lógico, a percepção sensorial e as lembranças conscientes. Freud acreditava que o conteúdo consciente da mente é apenas uma pequena fração do que ocorre em nossa psique e que a maior parte do material psíquico é mantido fora da consciência, no inconsciente e no pré-consciente.

Freud também apresenta vários exemplos sobre a função do consciente na vida psíquica. Em seu trabalho "Psicologia das Massas e Análise do Eu" (1921), ele discute como o consciente pode influenciar a vida social e política das pessoas. Ele argumenta que muitas vezes as pessoas seguem cegamente líderes políticos ou religiosos sem questionar suas ações ou motivações, e que isso pode ser explicado pela falta de consciência crítica.

Outro exemplo é apresentado em "O Ego e o Id" (1923), onde Freud discute a função do consciente na repressão dos impulsos instintivos do inconsciente. Ele explica como o consciente atua como um filtro, permitindo que apenas certas informações e desejos cheguem à consciência, enquanto outros são mantidos no inconsciente. Isso ajuda a manter a ordem e a estabilidade na vida psíquica, mas também pode levar a conflitos internos e desequilíbrios emocionais.

Em suma, Freud via o consciente como uma parte importante da vida psíquica, mas não acreditava que ele fosse capaz de governar totalmente as atividades mentais. Em vez disso, ele enfatizou a importância da interação e do equilíbrio entre o consciente, o pré-consciente e o inconsciente para a saúde mental.

Referências:

Laplanche, J., & Pontalis, J. B. (1973). Vocabulário da psicanálise. São Paulo: Martins Fontes.

Mitchell, S. A., & Black, M. J. (2014). Freud and beyond: A history of modern psychoanalytic thought. New York: Basic Books.

FREUD, Sigmund. A interpretação dos sonhos. São Paulo: Cia. das Letras, 2011.

FREUD, Sigmund. O ego e o id. São Paulo: Cia. das Letras, 2011.

JUNG, Carl Gustav. *Psicologia do inconsciente.* Petrópolis: Vozes, 2011.

KRISTEVA, Julia. *História da linguagem.* São Paulo: Edusp, 2005.

Freud, S. (1923). *O ego e o id. Standard Edition,* v. 19.

MECANISMOS DE DEFESA

Os mecanismos de defesa são estratégias mentais que o ego utiliza para lidar com a ansiedade e a ameaça do conflito entre as demandas do id e as exigências do mundo externo. Freud apresentou essa teoria em seu livro "Introdução à Psicanálise", publicado em 1917. Esses mecanismos podem ajudar a preservar a integridade psicológica, mas também podem ser disfuncionais e levar a comportamentos inadequados.

Os mecanismos de defesa funcionam no nível inconsciente e podem ser ativados de forma automática em resposta a situações que são percebidas como ameaçadoras. Existem vários tipos de mecanismos de defesa, entre eles a negação, a projeção, a racionalização, a sublimação e a repressão.

A negação é um mecanismo em que o ego se recusa a aceitar a realidade, negando a existência de algo que é perturbador. Por exemplo, uma pessoa que recebe um diagnóstico médico de uma doença grave pode negar a realidade e acreditar que não há nada de errado com sua saúde.

A projeção é um mecanismo em que o ego projeta seus próprios sentimentos ou desejos em outra pessoa. Por exemplo, alguém que tem um desejo reprimido de trair o parceiro pode acusar o parceiro de ser infiel.

A racionalização é um mecanismo em que o ego justifica um comportamento inadequado ou uma crença irracional com uma explicação lógica. Por exemplo, um estudante que tira uma nota baixa em um exame pode justificar o resultado dizendo que o professor não gosta dele.

A sublimação é um mecanismo em que o ego canaliza impulsos inaceitáveis em comportamentos socialmente aceitáveis e produtivos. Por exemplo, uma pessoa com impulsos agressivos pode canalizar esses impulsos em um esporte competitivo.

A repressão é um mecanismo em que o ego empurra impulsos inaceitáveis para o inconsciente, tornando-os inacessíveis à consciência. Isso pode levar a problemas psicológicos a longo prazo, já que esses impulsos reprimidos podem emergir de maneira descontrolada e causar problemas.

O estudo dos mecanismos de defesa é importante porque pode ajudar as pessoas a entender melhor seus próprios comportamentos e os comportamentos dos outros. Ao reconhecer os mecanismos de defesa, é possível tomar medidas para lidar com a ansiedade e a ameaça de uma maneira mais saudável e eficaz. Além disso, o conhecimento dos mecanismos de defesa pode ser útil para profissionais de saúde mental que trabalham com pacientes que apresentam problemas psicológicos.

Seguem abaixo exemplos dos mecanismos de defesa:

Repressão: Esquecer um acontecimento traumático da infância, como se nunca tivesse acontecido.

Projeção: Atribuir a outra pessoa seus próprios pensamentos e sentimentos. Por exemplo, uma pessoa que tem pensamentos violentos projeta esses pensamentos em outra pessoa e a acusa de ser violenta.

Racionalização: Encontrar explicações lógicas e plausíveis para justificar atitudes ou comportamentos que na verdade são movidos por impulsos inconscientes. Por exemplo, uma pessoa que usa drogas pode racionalizar dizendo que é apenas para relaxar e aliviar o estresse.

Regressão: Voltar a comportamentos infantis ou imaturos para lidar com situações estressantes ou ameaçadoras. Por exemplo, um adulto que começa a chorar como uma criança diante de uma situação difícil.

Sublimação: Transformar impulsos ou desejos inaceitáveis em comportamentos socialmente aceitáveis e produtivos. Por exemplo, um indivíduo que tem impulsos violentos pode canalizá-los para a prática de artes marciais ou para o esporte.

Negacão: Recusar-se a aceitar a realidade de algo perturbador, como uma perda ou um trauma. Por exemplo, uma pessoa que recebe um diagnóstico de doença terminal pode negar a gravidade da situação e continuar agindo como se nada estivesse acontecendo.

Referência Bibliográfica:
Freud, S. (1926). Inibição, sintoma e angústia. Edição standard brasileira das obras psicológicas completas de Sigmund Freud, 20, 77-175.

A SEGUNDA TÓPICA

Com a publicação da obra "O Ego e o Id" em 1923, Freud apresentou a sua segunda tópica da psique, que veio a modificar a teoria psicanalítica da estrutura da mente humana. A primeira tópica, com sua divisão em o inconsciente, o pré-consciente e o consciente, se tornou insuficiente para explicar as complexidades e dinâmicas da psique.

A segunda tópica é dividida em três instâncias psíquicas: o id, o ego e o superego. Mas diferentemente da primeira tópica, que tinha como objetivo explicar a divisão da mente em diferentes componentes, a segunda tópica tem como finalidade explicar como esses componentes interagem e como a mente funciona como um todo.

O id é descrito como a parte mais primitiva e

instintiva da psique, regido pelos princípios do prazer e desprovido de moralidade ou noção de realidade. O superego, por sua vez, representa os valores e padrões morais da sociedade, além das expectativas parentais e regras que regulam a conduta. Já o ego é a instância mediadora entre essas duas forças opostas, responsável por buscar a satisfação dos desejos do id, mas ao mesmo tempo se adaptando às exigências do mundo externo e às demandas do superego.

Essa nova teoria representa uma evolução em relação à primeira tópica, visto que a segunda tópica permite uma compreensão mais abrangente e complexa da mente humana. Ao se aprofundar nas dinâmicas e interações entre as diferentes instâncias psíquicas, a segunda tópica possibilita uma análise mais precisa e detalhada dos conflitos e distúrbios mentais.

É importante ressaltar que a segunda tópica não substituiu completamente a primeira tópica, mas sim a complementou, dando origem a uma teoria mais completa e sofisticada da mente humana. Com o passar do tempo, a segunda tópica se tornou amplamente aceita e utilizada na prática clínica e acadêmica da psicanálise.

Id

O Id é a primeira instância da Segunda Tópica da psicanálise, proposta por Freud em 1920. De acordo com Freud, o Id é a parte da psique que contém as pulsões instintivas e os desejos mais primitivos e inconscientes do indivíduo. Ele é regido pelo princípio do prazer, buscando a satisfação imediata desses impulsos sem considerar as consequências ou restrições impostas pela realidade externa.

Segundo Freud, o Id é comparável a um reservatório de energia psíquica, também conhecida como libido. Essa energia é produzida a partir das pulsões instintivas, que são forças biológicas internas que direcionam o comportamento humano. Entre essas pulsões, Freud destacou a pulsão de vida (ou Eros) e a pulsão de morte (ou Thanatos).

Para Freud, o Id é a fonte de todas as pulsões, e é a partir dele que surgem os demais componentes da personalidade, como o ego e o superego. Ele afirma que, desde o nascimento, o indivíduo já possui um Id formado e que esse aspecto da psique é responsável por grande parte dos nossos comportamentos e atitudes.

Podemos citar como exemplo de funcionamento do Id o impulso sexual, que é considerado uma das principais pulsões instintivas. Freud afirmava que, para o Id, o objetivo principal é a busca do prazer sexual e que esse impulso é responsável por grande parte do comportamento humano.

Em resumo, o Id é a primeira instância da Segunda Tópica da psicanálise e representa as pulsões instintivas e os desejos mais primitivos e inconscientes do indivíduo. É regido pelo princípio do prazer e é a fonte de energia psíquica, que é produzida a partir das pulsões instintivas, e é responsável por grande parte dos nossos comportamentos e atitudes.

Ego

O ego, segundo Freud, é a instância psíquica que representa a razão, o bom senso e a percepção da realidade. É responsável por mediar entre as demandas do id e as exigências do mundo externo, ou seja, ele busca satisfazer as pulsões do id de maneira socialmente aceitável e em consonância com as normas e valores do meio em que o indivíduo está inserido.

O ego surge a partir do id, no entanto, diferentemente deste, ele é orientado pela realidade e busca satisfazer os desejos do id de maneira segura e socialmente aceitável. Para isso, ele utiliza-se de mecanismos de defesa que atuam como reguladores da ansiedade e ajudam o indivíduo a lidar com as frustrações e conflitos que surgem no cotidiano.

Freud destacou o papel central do ego na vida psíquica do indivíduo, afirmando que ele é o elemento que possibilita a construção da identidade e da personalidade, bem como a capacidade de lidar com as demandas e pressões do mundo externo. De acordo com o autor, a saúde psíquica depende de um ego forte e saudável, capaz de lidar com as vicissitudes da vida sem sucumbir à ansiedade e ao desespero.

Um exemplo do papel do ego pode ser observado na situação em que uma pessoa sente fome, mas está em um ambiente social que não permite que ela satisfaça essa necessidade imediatamente. Nessa situação, o ego irá buscar uma solução intermediária, que satisfaça parcialmente a fome e ao mesmo tempo não vá contra as regras sociais. Ele pode decidir, por exemplo, comer algo leve ou apenas esperar até o momento adequado para se alimentar.

Podemos perceber, portanto, que o ego é uma instância essencial na construção da vida psíquica do indivíduo e na busca por uma adaptação saudável ao mundo externo.

Superego

No modelo da segunda tópica, Freud propôs a existência de uma terceira instância psíquica chamada superego. Esta instância é composta por duas partes: o superego propriamente dito e o ideal do ego. O superego é formado a partir do complexo de Édipo, no qual a criança internaliza a moral e os valores dos pais e da sociedade, enquanto o ideal do ego representa os objetivos e ideais que a pessoa deseja alcançar.

O superego funciona como um juiz interno que monitora os pensamentos, sentimentos e comportamentos da pessoa em relação aos padrões sociais e morais, e pode impor punições psicológicas, como sentimentos de culpa e vergonha, em caso de transgressão desses padrões.

Freud descreveu o superego como uma instância extremamente rígida e crítica, que muitas vezes entra em conflito com as demandas do id e do ego. Esses conflitos podem levar a estados de ansiedade e desconforto psíquico.

Um exemplo de como o superego pode operar é o sentimento de culpa. Se uma pessoa viola uma norma social ou moral, o superego pode fazer com que ela se sinta culpada e envergonhada. Esse sentimento de culpa pode ser uma forma de punição psicológica que o superego impõe para evitar que a pessoa volte a cometer a mesma transgressão.

É importante destacar que, assim como as outras instâncias psíquicas, o superego não é uma estrutura fixa e imutável. Ele pode ser modificado e influenciado pelas experiências vividas pela pessoa ao longo da vida.

Referências:

Freud, S. (1920). Além do princípio do prazer. Standard Edition, 18, 7-64.

Freud, S. (1923). O ego e o id. Standard Edition, 19, 1-66.

FREUD, S. O Ego e o Id. São Paulo: Companhia das Letras, 2010.

FREUD, S. O ego e o id. Standard Brasileira das Obras Psicológicas Completas de Sigmund Freud, vol. XIX, 1923.

PULSÕES

O conceito de pulsão foi desenvolvido por Freud como uma forma de explicar a motivação por trás do comportamento humano. A ideia de que existe uma força que impulsiona o indivíduo a agir é central na teoria psicanalítica e foi introduzida por Freud no início do século XX.

Inicialmente, Freud concebia as pulsões como uma espécie de energia psíquica que se acumulava no corpo e que precisava ser liberada através do comportamento. No entanto, ele percebeu que essa explicação era insuficiente para descrever a complexidade da motivação humana e passou a considerar as pulsões como representações mentais de necessidades e desejos.

A partir desse ponto, Freud começou a dividir as pulsões em duas categorias principais: pulsões de vida (Eros) e pulsões de morte (Thanatos). As pulsões de vida são aquelas que impulsionam o indivíduo a buscar prazer e satisfação, enquanto as pulsões de morte são responsáveis pelo impulso destrutivo e autodestrutivo do indivíduo.

Freud acreditava que a personalidade humana é moldada pelo conflito entre essas duas forças opostas e que as patologias mentais são o resultado de uma falha no equilíbrio entre as pulsões de vida e de morte. Ele também via as pulsões como uma fonte de energia que podia ser direcionada para diferentes objetivos, dependendo das circunstâncias.

Ao longo dos anos, o conceito de pulsão foi desenvolvido e refinado por Freud e seus seguidores, e tornou-se um dos pilares da teoria psicanalítica. Embora alguns aspectos do conceito tenham sido criticados e modificados ao longo do tempo, as pulsões continuam sendo uma ferramenta útil para entender a motivação humana e a dinâmica da personalidade.

No decorrer do Capítulo 7, serão abordados os seguintes tópicos:

1. As origens do conceito de pulsão na teoria psicanalítica;
2. A diferença entre pulsões de vida e pulsões de morte;
3. A relação entre pulsões e sexualidade;
4. Os estágios de desenvolvimento da pulsão;
5. Os efeitos patológicos das pulsões mal resolvidas.

As origens do conceito de pulsão na teoria psicanalítica;

O conceito de pulsão na teoria psicanalítica tem suas raízes na obra de Freud, especialmente em sua primeira teoria das pulsões, exposta em "Três Ensaios sobre a Teoria da Sexualidade" (1905). Nessa obra, Freud descreve as pulsões como "forças que impulsionam a atividade psíquica e que têm sua fonte em processos somáticos" (FREUD, 1905, p. 129).

A partir daí, Freud desenvolveu o conceito de pulsão de forma mais ampla, abrangendo não apenas a sexualidade, mas também outras fontes de excitação corporal, como a fome e a sede. O conceito de pulsão também evoluiu ao longo do tempo na obra de Freud, sendo modificado e aprimorado em diversas ocasiões.

Além de Freud, outros psicanalistas também contribuíram para o desenvolvimento do conceito de pulsão, como Melanie Klein e Jacques Lacan, que trouxeram novas perspectivas e ampliaram a compreensão sobre a dinâmica das pulsões na vida psíquica.

A diferença entre pulsões de vida e pulsões de morte;

As pulsões de vida e as pulsões de morte são conceitos fundamentais na teoria psicanalítica de Freud. As pulsões de vida, também conhecidas como pulsões sexuais ou libidinais, são aquelas que impulsionam o indivíduo a buscar a satisfação de suas necessidades biológicas e psicológicas, como a fome, a sede, o prazer sexual, o amor e a criatividade. Já as pulsões de morte, também chamadas de pulsões agressivas ou destrutivas, são aquelas que visam a destruição, a aniquilação, o retorno ao estado inorgânico.

Freud acreditava que as pulsões de vida e de morte estão presentes em todos os seres humanos, e que o equilíbrio entre elas é essencial para a saúde mental. Ele via a pulsão de vida como a força que impulsiona o indivíduo em direção à vida, ao prazer e à realização, enquanto a pulsão de morte é a força que impulsiona o indivíduo em direção à morte, à agressão e à destruição.

A pulsão de morte é um conceito controverso na teoria psicanalítica, e muitos estudiosos questionam sua validade. No entanto, outros psicanalistas, como Melanie Klein e Jacques Lacan, desenvolveram teorias baseadas nesse conceito e expandiram seu significado.

Abaixo estão alguns exemplos de cada tipo de pulsão:

Pulsões de vida: fome, sede, desejo sexual, afeto, atração por coisas prazerosas, vontade de viver, criatividade, amor, compaixão, entre outros.

Pulsões de morte: agressividade, ódio, inveja, desejo de autodestruição, masoquismo, impulsos autodestrutivos, entre outros.

Um Caso Clínico de Pulsão de Morte

Maria, 35 anos, procurou ajuda psicanalítica porque estava enfrentando problemas de relacionamento com o marido. Ela relatou que se sentia muito irritada com ele e que constantemente discutiam por causa de coisas banais, como a arrumação da casa ou a divisão de tarefas domésticas. Segundo Maria, seu marido era uma pessoa muito tranquila e passiva, o que a fazia sentir ainda mais irritação e impaciência. Ela também contou que tinha dificuldade em expressar seus sentimentos e que muitas vezes sentia-se vazia e sem propósito na vida.

Durante as sessões, a análise revelou que Maria tinha uma tendência a se auto sabotar e que muitas vezes se punia por coisas que não eram sua responsabilidade. Ela também tinha um histórico de abuso emocional na infância por parte do pai, o que contribuiu para o desenvolvimento de uma baixa autoestima e uma sensação constante de inadequação.

A análise aprofundou-se em questões mais profundas e Maria começou a expressar sentimentos de raiva e ressentimento em relação ao marido e à vida em geral. Freud (1920) explicou que a pulsão de morte é uma força interior que nos leva à autodestruição e à destruição dos outros. Em outras palavras, a pulsão de morte é responsável pela agressão e pela violência que muitas vezes observamos nas pessoas.

Na análise de Maria, ficou evidente que ela tinha uma forte pulsão de morte que se manifestava em sua tendência a se auto sabotar e em sua dificuldade em expressar emoções positivas. Ela também tinha uma tendência a projetar sua raiva e ressentimento no marido, o que contribuía para a deterioração do relacionamento. Através da análise, Maria começou a reconhecer e a trabalhar com sua pulsão de morte, aprendendo a expressar suas emoções de uma forma mais saudável e a assumir a responsabilidade por suas próprias ações.

Conclusão:

Este caso clínico ilustra a importância da pulsão de morte na resolução de conflitos. Embora seja uma força negativa, a pulsão de morte é uma parte integral da personalidade e pode ser utilizada de forma construtiva quando reconhecida e trabalhada. A análise de Maria mostrou como a pulsão de morte pode se manifestar de maneira sutil e contribuir para a perpetuação de padrões negativos de comportamento. Através da análise, Maria foi capaz de reconhecer e enfrentar sua pulsão de morte, o que a ajudou a superar seus problemas de relacionamento e a se tornar uma pessoa mais saudável e autônoma.

Em sua teoria, Freud enfatizou a importância da pulsão de morte como um elemento que pode nos levar à destruição, não apenas física, mas também psicológica. Ele acreditava que essa força é uma parte integral da vida psíquica, mas que é contrabalançada pela pulsão de vida, que busca preservar e manter a vida. Segundo Freud (1920), "a vida não luta apenas para manter-se, mas luta contra si mesma, para viver cada vez melhor". Ou seja, a pulsão de vida e a pulsão de morte são forças opostas, mas que trabalham juntas para moldar a personalidade e a forma como lidamos com conflitos e traumas.

Assim, o caso clínico de Maria ilustra a importância de reconhecer e trabalhar com a pulsão de morte na terapia psicanalítica. Através da análise, ela foi capaz de compreender como essa força negativa estava influenciando seu comportamento e suas relações interpessoais, e aprendeu a canalizá-la de forma construtiva. Esse processo permitiu a ela superar seus problemas de relacionamento e desenvolver uma maior autoestima e autonomia, o que é fundamental para o bem-estar psicológico.

Em suma, a pulsão de morte é uma força psicológica complexa que pode ser destrutiva, mas também pode ser trabalhada de forma construtiva na terapia psicanalítica. Reconhecer e compreender a influência dessa força na personalidade pode ser um passo importante para superar conflitos e traumas, e desenvolver uma vida psíquica mais saudável e autônoma.

A relação entre pulsões e sexualidade;

A relação entre pulsões e sexualidade é muito importante na teoria psicanalítica. Freud acreditava que a sexualidade é uma pulsão de vida que se manifesta de diversas formas ao longo do desenvolvimento humano. A sexualidade é uma pulsão que está presente desde o nascimento e se desenvolve ao longo da vida, influenciando a forma como a pessoa lida com seus desejos e instintos.

As pulsões de morte também são importantes na teoria psicanalítica, pois representam a tendência natural do organismo em buscar a inércia e o repouso. Essas pulsões são responsáveis por um comportamento autodestrutivo, como o desejo de se matar ou destruir algo que é considerado valioso. Freud acreditava que as pulsões de morte são opostas às pulsões de vida, e que a luta entre essas duas forças é responsável pelo conflito psíquico que pode levar a neuroses e transtornos mentais.

No entanto, é importante ressaltar que nem todas as pessoas lidam com suas pulsões da mesma forma. Algumas pessoas conseguem controlar seus impulsos e desejos de forma saudável, enquanto outras têm dificuldades em lidar com essas forças internas e podem desenvolver problemas psicológicos. A psicanálise busca entender como as pulsões afetam o comportamento humano e como é possível lidar com elas de forma saudável e equilibrada.

*Os estágios de
desenvolvimento da pulsão;*

Freud postulou que as pulsões são formadas durante o desenvolvimento psicossexual da criança, passando por diferentes estágios que correspondem a diferentes zonas erógenas do corpo. Esses estágios são:

Estágio oral: nesse estágio, a zona erógena é a boca,

e o prazer é obtido por meio da sucção, mordida e deglutição. A pulsão oral pode se manifestar em comportamentos alimentares e em hábitos como roer unhas e fumar.

Estágio anal: a zona erógena é o ânus, e a pulsão anal é associada ao controle das fezes. A criança experimenta prazer ao reter e expulsar as fezes, e a forma como os pais lidam com o treinamento do controle esfincteriano pode influenciar a forma como a criança lida com a autoridade e com as normas sociais.

Estágio fálico: a zona erógena é a genitália e a pulsão fálica se manifesta na curiosidade da criança em relação aos genitais, na masturbação e nas brincadeiras sexuais. Nesse estágio, a criança descobre a diferença anatômica entre os sexos e começa a desenvolver uma identidade sexual.

Período de latência: esse estágio é caracterizado por uma diminuição na intensidade das pulsões sexuais e pela focalização da energia psíquica em atividades sociais, intelectuais e esportivas. Esse período dura aproximadamente dos 6 aos 12 anos.

Estágio genital: esse estágio começa na puberdade, com o despertar da sexualidade genital. A pulsão genital é direcionada para o outro e a satisfação é obtida por meio da relação sexual.

Cada um desses estágios tem uma importância fundamental na formação da personalidade do indivíduo, e a maneira como a criança é criada e como lida com as suas pulsões em cada estágio pode influenciar o seu desenvolvimento psíquico e emocional.

Os efeitos patológicos das pulsões mal resolvidas

As pulsões mal resolvidas podem levar a efeitos patológicos, uma vez que a energia psíquica gerada por elas precisa ser canalizada para algo que satisfaça a necessidade instintual. Quando a pulsão não é satisfeita de maneira adequada, podem surgir sintomas psicológicos ou físicos, como ansiedade, depressão, comportamentos compulsivos, entre outros.

Freud destacou a importância de uma boa resolução das pulsões na infância, por meio da educação e da socialização, para que a pessoa possa desenvolver mecanismos psicológicos saudáveis de lidar com as suas necessidades instintivas. Quando essas pulsões não são bem resolvidas na infância, a pessoa pode desenvolver transtornos psicológicos na vida adulta.

Um exemplo disso é o transtorno obsessivo-compulsivo, em que a pessoa tem pensamentos obsessivos e compulsões para lidar com esses pensamentos, que podem estar relacionados a pulsões mal resolvidas na infância. Além disso, a repressão excessiva de pulsões também pode levar a efeitos patológicos, como o desenvolvimento de neuroses.

*Aqui estão alguns
exemplos de como os
efeitos patológicos das
pulsões mal resolvidas
podem se manifestar na
psique do indivíduo:*

O caso de Dora: Dora era uma jovem que sofria de sintomas físicos, como tosse e dificuldade para respirar, que não tinham uma causa física identificável. Freud acreditava que esses sintomas eram a manifestação do conflito que ela tinha com seus pais e com o homem que tentou assediá-la. Esse conflito, por sua vez, era uma expressão das pulsões sexuais reprimidas de Dora, que não estavam sendo devidamente canalizadas e resolvidas.

O caso do Homem dos Lobos: O Homem dos Lobos era um paciente de Freud que tinha sonhos recorrentes sobre lobos e que sofria de uma variedade de sintomas, como ansiedade e insônia. Freud acreditava que esses sintomas eram a manifestação do medo que o paciente tinha de ser castrado, um medo que Freud acreditava ser comum em crianças e que podia levar a sintomas psicológicos mais tarde na vida. Esse medo, por sua vez, era uma expressão das pulsões sexuais e agressivas reprimidas do paciente.

O conceito de neurose obsessiva: Freud descreveu a neurose obsessiva como um distúrbio em que o indivíduo é atormentado por pensamentos ou impulsos obsessivos que são reprimidos, mas que continuam a exercer influência sobre a psique do indivíduo. Esses pensamentos e impulsos obsessivos são, em última análise, uma expressão das pulsões mal resolvidas do indivíduo.

O conceito de sublimação: Freud acreditava que as pulsões sexuais e agressivas eram inerentes à natureza humana e que não podiam ser eliminadas completamente. No entanto, ele também acreditava que essas pulsões podiam ser canalizadas para atividades socialmente aceitáveis e produtivas, como a arte, a ciência e a religião. Esse processo de canalização das pulsões é conhecido como sublimação e é considerado uma forma saudável de lidar com as pulsões mal resolvidas.

SUBLIMAÇÃO

A sublimação é um dos conceitos centrais na teoria psicanalítica de Sigmund Freud. Ela se refere ao processo pelo qual um impulso instintivo, geralmente sexual ou agressivo, é desviado para uma atividade socialmente aceitável e valorizada. A sublimação é vista como uma forma de defesa saudável contra a ansiedade e a culpa associadas aos desejos reprimidos, e é considerada um aspecto importante do desenvolvimento da personalidade. Ao longo de sua obra, Freud explorou amplamente o papel da sublimação no comportamento humano, e seu conceito se tornou uma peça fundamental na teoria psicanalítica moderna. Neste capítulo, iremos discutir mais detalhadamente o conceito de sublimação, suas origens na obra de Freud e suas implicações clínicas e teóricas.

A importância desse conceito na teoria psicanalítica é significativa, pois a sublimação é vista como um mecanismo de defesa saudável que permite que as pulsões e instintos básicos do indivíduo sejam expressos de uma forma mais adaptativa e aceitável socialmente. A sublimação é uma forma de transformar a energia psíquica em uma forma de atividade mais elevada, como a arte, a ciência, a religião ou a filosofia.

Freud considerava a sublimação como um dos processos mais importantes na formação da cultura e da civilização. Ele acreditava que as conquistas culturais da humanidade, como a arte, a literatura e a ciência, eram o resultado da sublimação de instintos primitivos e agressivos. Ao mesmo tempo, a sublimação também pode ser um processo que ajuda os indivíduos a lidar com conflitos internos e a encontrar um sentido de propósito e significado em suas vidas.

Em resumo, a sublimação é um conceito fundamental na teoria psicanalítica que descreve o processo de transformação de impulsos básicos em atividades mais adaptativas e socialmente aceitáveis. Ela é vista como um mecanismo de defesa saudável que pode ajudar os indivíduos a lidar com conflitos internos e a encontrar um sentido de propósito e significado em suas vidas. A importância desse conceito na formação da cultura e da civilização também é significativa.

Alguns exemplos de sublimação na obra de Freud, com citação de caso:

Leonardo da Vinci: Freud analisou a vida e obra de Leonardo da Vinci em seu livro "Uma Recordação de Infância de Leonardo da Vinci" e argumentou que sua arte era uma forma de sublimação de seus desejos sexuais reprimidos. Freud acreditava que o amor de Da Vinci por seus modelos masculinos o levou a canalizar sua energia sexual em sua arte, em vez de agir sobre seus impulsos proibidos.

Obras literárias de Dostoiévski: Freud argumentou que a obra de Dostoiévski refletia sua própria luta com seus impulsos sexuais e agressivos. Ele acreditava que Dostoiévski canalizava esses impulsos em suas obras literárias, sublimando-os em narrativas complexas sobre culpa, pecado e redenção.

Referências Bibliográficas:

Freud, S. (1996). Leonardo da Vinci e uma lembrança da sua infância. Edição Standard Brasileira das Obras Psicológicas Completas de Sigmund Freud, vol. XI. Rio de Janeiro: Imago.

Freud, S. (2010). Dostoiévski e o parricídio. Edição Standard Brasileira das Obras Psicológicas Completas de Sigmund Freud, vol. XXI. Rio de Janeiro: Imago.

Freud, S. (2011). "Notas sobre um caso de neurose obsessiva" (Caso do Homem dos Ratos). Edição Standard Brasileira das Obras Psicológicas Completas de Sigmund Freud, vol. X. Rio de Janeiro: Imago.

COMPLEXO DE ÉDIPO

O complexo de Édipo é uma das mais conhecidas e discutidas teorias da psicanálise, criada por Sigmund Freud. Ele descreve um processo psicológico que ocorre durante a infância, em que a criança experimenta desejos conflitantes em relação aos pais, geralmente sentindo atração sexual pelo progenitor do sexo oposto e rivalidade com o progenitor do mesmo sexo. O termo é baseado na tragédia grega "Édipo Rei", em que o herói mata seu pai e casa com sua mãe, sem saber de sua verdadeira identidade. Embora possa parecer perturbador, o complexo de Édipo é considerado uma parte normal do desenvolvimento psicológico infantil e é uma das teorias mais importantes na psicanálise. Neste capítulo, discutiremos mais sobre o complexo de

Édipo, seu impacto no desenvolvimento psicológico e como a psicanálise lida com essas questões.

A origem do conceito de Complexo de Édipo

O nome "Complexo de Édipo" tem origem na tragédia grega "Édipo Rei", de Sófocles, que conta a história de um homem que acaba matando o próprio pai e se casando com a própria mãe, sem saber de suas verdadeiras identidades. Freud utilizou essa história para criar uma metáfora da dinâmica psicológica que ocorre durante o desenvolvimento infantil.

O complexo de Édipo é visto como uma fase natural do desenvolvimento humano e ocorre geralmente na fase fálica da criança, entre os 3 e 6 anos de idade. Durante essa fase, a criança começa a desenvolver sentimentos de atração pelo pai ou mãe do sexo oposto e começa a sentir rivalidade e ciúmes em relação ao pai ou mãe do mesmo sexo.

É importante destacar que o Complexo de Édipo é um fenômeno universal e ocorre em todas as culturas, embora possa assumir formas diferentes de acordo com a cultura e as expectativas sociais. Além disso, é importante lembrar que o complexo de Édipo não é uma fase que a criança "supera", mas sim um processo que continua a influenciar o desenvolvimento psicológico ao longo da vida.

A teoria do complexo de Édipo foi criticada por muitos estudiosos, especialmente por feministas, que argumentam que o conceito é baseado em suposições heteronormativas e que não leva em consideração a diversidade de identidades sexuais e de gênero. No entanto, o conceito continua sendo uma das ideias mais influentes da psicanálise e é amplamente utilizado por terapeutas e psicólogos para entender a dinâmica familiar e os conflitos psicológicos.

A mitologia grega e a história de Édipo

O Complexo de Édipo recebeu esse nome em referência ao personagem Édipo, da mitologia grega. A história de Édipo é contada em diversas obras da literatura grega, mas a mais conhecida é a tragédia de Sófocles, "Édipo Rei". Na peça, Édipo é um homem que acaba descobrindo, de forma trágica, que matou o próprio pai e se casou com a própria mãe. Esse mito foi utilizado por Freud como um exemplo do conflito psicológico que pode ocorrer na infância, entre o amor e o ódio em relação aos pais.

Na mitologia grega, Édipo é um personagem trágico que, sem saber, mata o próprio pai e se casa com a própria mãe. Freud utilizou esse mito para explicar o que ele chamou de Complexo de Édipo. Segundo a teoria psicanalítica, todas as crianças passam por esse complexo, que é um conflito psicológico entre o amor e o ódio em relação aos pais. O Complexo de Édipo é considerado um dos pilares da psicanálise, juntamente com o conceito de pulsão.

O Complexo de Édipo é um tema recorrente em diversas obras da literatura, teatro, cinema e televisão. Muitas vezes, as referências ao Complexo de Édipo são utilizadas de forma errônea, como uma forma de retratar um amor incestuoso ou uma relação problemática entre pais e filhos. No entanto, na teoria psicanalítica, o Complexo de Édipo é uma etapa normal do desenvolvimento infantil e não se trata de uma patologia ou uma perversão.

Para Freud, o Complexo de Édipo é uma etapa normal do desenvolvimento infantil. Na teoria psicanalítica, o desenvolvimento psicossexual da criança é dividido em diversas fases, sendo que o Complexo de Édipo ocorre na fase fálica, entre os três e cinco anos de idade. Nessa fase, a criança passa a ter uma maior consciência do próprio corpo e da diferença entre os sexos, o que leva ao desenvolvimento de desejos sexuais em relação aos pais.

O Complexo de Édipo é considerado uma fase importante no desenvolvimento psicossexual da criança, pois é nessa fase que a criança começa a estabelecer as bases para as suas relações sociais e amorosas futuras. A resolução bem-sucedida do Complexo de Édipo é fundamental para o desenvolvimento de uma personalidade saudável e equilibrada. No entanto, a não resolução adequada desse conflito pode levar a distúrbios psicológicos graves, como a neurose e a psicose.

A teoria psicanalítica sobre o Complexo de Édipo

A teoria psicanalítica sobre o Complexo de Édipo surgiu a partir dos estudos de Sigmund Freud sobre a sexualidade infantil e as relações familiares. Segundo a teoria, o Complexo de Édipo refere-se a um conjunto de desejos e fantasias inconscientes que a criança tem em relação aos seus pais, especialmente em relação ao progenitor do sexo oposto.

De acordo com a teoria, o Complexo de Édipo tem início na fase fálica do desenvolvimento infantil, quando a criança começa a perceber as diferenças anatômicas entre os sexos e a desenvolver uma curiosidade sexual. Nessa fase, a criança desenvolve um desejo inconsciente de se unir ao progenitor do sexo oposto e de eliminar o progenitor do mesmo sexo, o que é conhecido como o desejo de Édipo.

No entanto, a criança também percebe a existência de um obstáculo à realização desse desejo: a presença do progenitor do mesmo sexo. Esse obstáculo gera sentimentos de rivalidade e hostilidade em relação ao progenitor do mesmo sexo, que é visto como um rival a ser eliminado ou superado.

A resolução bem-sucedida do Complexo de Édipo envolve a internalização das normas e valores da sociedade, representadas pelo pai como figura de autoridade, e a identificação com o mesmo sexo. Assim, a criança passa a aceitar a sua situação e a desenvolver uma relação de amor e respeito pelos pais, sem sentimentos de rivalidade ou hostilidade.

No entanto, quando o Complexo de Édipo não é resolvido de forma adequada, pode levar a transtornos psicológicos, como a fixação em estágios de desenvolvimento infantil, o desenvolvimento de comportamentos sexuais inadequados e a dificuldade de estabelecer relações amorosas saudáveis na vida adulta.

Em resumo, o Complexo de Édipo é uma importante teoria psicanalítica sobre o desenvolvimento infantil e as relações familiares, que destaca a importância da resolução adequada dos desejos e fantasias inconscientes da criança em relação aos pais para o seu desenvolvimento psicológico saudável.

A fase fálica e o
Complexo de Édipo

A fase fálica é um período do desenvolvimento psicossexual infantil que ocorre em torno dos 3 a 6 anos de idade, segundo a teoria psicanalítica. Nessa fase, a criança experimenta uma curiosidade intensa em relação aos genitais e à diferença sexual, e é marcada pelo Complexo de Édipo, que é uma estrutura psíquica que se forma a partir das fantasias e desejos infantis em relação aos pais.

Durante a fase fálica, a criança passa por um intenso conflito emocional em relação aos pais, em especial pelo desejo sexual em relação ao genitor do sexo oposto e a rivalidade com o genitor do mesmo sexo. Esse conflito é considerado um elemento central do Complexo de Édipo e pode ter uma grande influência na personalidade e no desenvolvimento psicológico posterior.

De acordo com a teoria psicanalítica, a resolução adequada do Complexo de Édipo é fundamental para um desenvolvimento psicológico saudável. Isso envolve a identificação com o genitor do mesmo sexo e a renúncia aos desejos sexuais em relação ao genitor do sexo oposto, o que permite a formação de um superego saudável e uma identidade de gênero estável.

No entanto, quando o Complexo de Édipo não é resolvido adequadamente, pode levar a distúrbios psicológicos, como fixação em estágios anteriores do desenvolvimento psicossexual, dificuldades na formação de relações interpessoais saudáveis e, em casos extremos, transtornos de personalidade.

Porém, é importante destacar que o Complexo de

Édipo não é uma condição universalmente presente ou reconhecida em todas as culturas. Além disso, as críticas à teoria psicanalítica sugerem que a complexidade do desenvolvimento psicológico humano não pode ser reduzida a uma única estrutura teórica

O papel do pai e da mãe no Complexo de Édipo

No complexo de Édipo, o papel do pai e da mãe é fundamental na estruturação da personalidade da criança. De acordo com Freud, o pai é visto como um rival amoroso pelo afeto da mãe, enquanto a mãe é vista como objeto de desejo pelo filho. Nessa fase, a criança experimenta sentimentos contraditórios em relação aos pais, como amor e ódio, ciúme e culpa.

Segundo a teoria psicanalítica, o pai desempenha um papel importante na resolução do complexo de

Édipo, uma vez que é ele quem estabelece a lei e a ordem na família, criando limites para os desejos da criança. Esses limites, quando estabelecidos de maneira clara e consistente, ajudam a criança a compreender o que é certo e o que é errado, contribuindo para o desenvolvimento do superego.

Por outro lado, a mãe tem a responsabilidade de acolher as necessidades afetivas e emocionais da criança, fornecendo-lhe segurança e proteção. É a partir do contato com a mãe que a criança começa a desenvolver suas primeiras relações afetivas, aprendendo a identificar e expressar suas emoções.

No entanto, é importante destacar que o papel do pai e da mãe pode ser desempenhado por outras figuras parentais, como avós, tios e padrinhos. O importante é que a criança tenha um ambiente familiar saudável e acolhedor, que permita o seu desenvolvimento emocional e afetivo.

Por fim, é importante ressaltar que a resolução do complexo de Édipo não significa a eliminação dos desejos incestuosos, mas sim a capacidade de integrá-los de forma adequada na vida adulta, construindo relações afetivas e sexuais saudáveis e satisfatórias.

Uma distinção importante a ser feita é que o Complexo de Édipo não se manifesta de maneira idêntica em meninos e meninas. Enquanto no menino o conflito é resolvido através da identificação com o pai e da renúncia ao desejo pela mãe, na menina o processo é mais complexo e não tão bem resolvido.

No Complexo de Édipo feminino, a menina se identifica com a mãe de maneira diferente do menino, pois já possui a mesma anatomia sexual. A menina também experimenta sentimentos de ciúme e desejo pelo pai, mas esse desejo é resolvido de maneira diferente do menino. Ao contrário do menino, que resolve o conflito ao se identificar com o pai e renunciar ao desejo pela mãe, a menina não consegue realizar essa identificação de maneira tão completa, já que não pode se tornar exatamente como o pai.

Segundo a teoria psicanalítica, a menina lida com o conflito edipiano por meio de um processo de "identificação dupla": ela tenta se identificar tanto com a mãe quanto com o pai, criando um ideal de si mesma que incorpora traços de ambos os pais. Além disso, a menina pode tentar substituir o pênis ausente com a criança que ela imagina ter dentro dela, criando fantasias de gravidez e maternidade.

Essa resolução do Complexo de Édipo feminino é considerada menos satisfatória do que a do Complexo de Édipo masculino, e pode levar a problemas psicológicos futuros, como sentimentos de inferioridade e insuficiência em relação aos homens.

É importante notar que, apesar das diferenças entre o Complexo de Édipo masculino e feminino, ambos são considerados etapas fundamentais do desenvolvimento psicossexual infantil. A resolução satisfatória desses conflitos é vista como um passo importante para o desenvolvimento da identidade e da sexualidade adulta.

As consequências do Complexo de Édipo mal resolvido

O Complexo de Édipo é um dos conceitos mais conhecidos e controversos da teoria psicanalítica. A sua mal resolução pode acarretar em consequências negativas na vida adulta. Quando a criança não consegue superar o Complexo de Édipo, ela pode desenvolver distúrbios psicológicos que afetam o seu bem-estar emocional e até mesmo o seu relacionamento com outras pessoas.

Uma das consequências mais comuns do Complexo de Édipo mal resolvido é a dificuldade de estabelecer relações interpessoais saudáveis. Isso porque a pessoa pode ter dificuldade em se relacionar com membros do sexo oposto, podendo desenvolver insegurança e ciúme em seus relacionamentos amorosos. Além disso, ela pode apresentar comportamentos de possessividade e agressividade, o que pode afastar as pessoas ao seu redor.

Outra consequência possível do Complexo de Édipo mal resolvido é o desenvolvimento de transtornos psicológicos, como depressão e ansiedade. Isso ocorre porque a pessoa pode ter dificuldades em lidar com suas emoções e sentimentos, podendo desenvolver sentimentos de culpa e inadequação. Esses transtornos podem afetar negativamente a qualidade de vida da pessoa, prejudicando sua saúde mental e física.

Além disso, o Complexo de Édipo mal resolvido também pode levar a comportamentos compulsivos e vícios. A pessoa pode buscar na compulsão ou no vício uma forma de preencher o vazio emocional que sente, ou de lidar com seus sentimentos de inadequação. Isso pode levar a uma série de problemas de saúde, como dependência química e transtornos alimentares.

Por fim, o Complexo de Édipo mal resolvido pode afetar a autoestima e a autoconfiança da pessoa, prejudicando sua capacidade de se realizar profissionalmente e de alcançar seus objetivos pessoais. A pessoa pode desenvolver uma visão distorcida de si mesma e do mundo, o que pode afetar negativamente sua autoimagem e suas perspectivas de vida.

Portanto, é importante que os pais estejam atentos ao desenvolvimento psicológico de seus filhos e procurem ajuda profissional caso percebam sinais de que o Complexo de Édipo não está sendo superado de forma saudável. O acompanhamento psicológico pode ser fundamental para ajudar a criança a lidar com seus sentimentos e emoções, e a superar o Complexo de Édipo de forma positiva.

Um exemplo de complexo de Édipo mal resolvido pode ser encontrado no caso do "Homem dos Lobos", um paciente tratado por Freud que sofria de vários distúrbios neuróticos. Freud identificou que o homem dos lobos havia desenvolvido um forte complexo de Édipo não resolvido na infância, no qual ele teve ciúmes do pai e medo de ser castrado pelo pai como punição por seus desejos incestuosos em relação à mãe. Esse conflito psicológico não resolvido levou a uma série de problemas emocionais e comportamentais ao longo da vida do paciente.

Outro exemplo de consequência do Complexo de Édipo mal resolvido é a formação de sintomas neuróticos. Segundo Freud, os sintomas neuróticos são formas de expressão de conflitos psíquicos não resolvidos, muitas vezes relacionados a questões do Complexo de Édipo. Por exemplo, um homem que desenvolve uma fobia de animais pode estar manifestando um conflito em relação à figura paterna, que pode estar associado a sentimentos ambivalentes de amor e ódio. A fobia seria, então, uma tentativa de evitar o contato com esse conflito, que é vivido como ameaçador para a integridade psíquica do sujeito.

Caso Clínico: Complexo de Édipo Mal Resolvido em um Homem Adulto

Carlos, um homem de 35 anos, buscava ajuda psicanalítica devido a dificuldades em seus relacionamentos afetivos. Ele relatava constantes conflitos com sua esposa e sentia-se incompreendido por ela. Além disso, tinha dificuldades em manter amizades duradouras e sentia-se muitas vezes isolado.

Durante as sessões, a análise revelou que Carlos tinha um Complexo de Édipo mal resolvido, que remontava à sua infância. A relação de Carlos com sua mãe era muito intensa e ele se via frequentemente competindo com o pai pela atenção dela. Essa competição foi acompanhada por sentimentos de inveja em relação ao pai, que eram frequentemente reprimidos.

Esses sentimentos foram reprimidos e, posteriormente, transferidos para outras áreas da vida de Carlos, afetando seus relacionamentos afetivos e amizades. Ele tinha dificuldades em se relacionar com outros homens, pois frequentemente os via como ameaças à sua masculinidade e sentia inveja de suas características físicas ou de personalidade.

A análise revelou que Carlos estava preso em uma relação edípica não resolvida, incapaz de aceitar a perda da mãe como objeto de amor e transferir esse afeto para outras mulheres. Além disso, ele estava em constante busca de afeto e aprovação, o que o tornava dependente emocionalmente dos outros.

Freud (1910) descreveu o Complexo de Édipo como um estágio do desenvolvimento infantil em que a criança desenvolve uma atração amorosa pela mãe e uma rivalidade com o pai. Esse conflito é fundamental para o desenvolvimento psicossexual e a resolução adequada do complexo é importante para a construção da personalidade.

A análise de Carlos se concentrou na elaboração dos conflitos edípicos e na necessidade de transferir seus afetos para outras mulheres. Foi preciso que Carlos entendesse que, embora seu pai fosse um rival, ele também era um modelo masculino a ser seguido e admirado. Além disso, ele precisava se libertar da relação edípica com sua mãe e reconhecer que ela era uma pessoa separada e distinta, capaz de amá-lo sem limitações, mas também com seus próprios desejos e necessidades.

Através da análise, Carlos foi capaz de elaborar seus conflitos edípicos e transferir seus afetos para outras mulheres, o que o ajudou a construir relacionamentos mais saudáveis e a se tornar menos dependente emocionalmente dos outros. Ele passou a entender que o amor não é uma questão de competição e rivalidade, mas de reconhecer a individualidade do outro e respeitar suas diferenças.

Conclusão

Este caso clínico ilustra a importância do Complexo de Édipo no desenvolvimento psicossexual e na construção da personalidade. Um Complexo de Édipo mal resolvido pode afetar negativamente a forma como nos relacionamos com os outros, criando conflitos e dependência emocional. Através da análise, Carlos foi capaz de elaborar seus conflitos edípicos e transferir seus afetos para outras áreas da vida, permitindo-lhe construir relações mais saudáveis e satisfatórias. É importante ressaltar que a resolução do complexo de Édipo não é uma tarefa fácil e exige uma dedicação contínua à análise e ao autoconhecimento. No entanto, o processo pode ser extremamente benéfico para a construção de uma personalidade mais saudável e equilibrada. A análise de Carlos também destaca a importância da relação entre paciente e analista, que deve ser baseada na confiança e na capacidade do analista em auxiliar o paciente a acessar e elaborar seus conflitos internos. Através da análise, Carlos foi capaz de reconstruir sua autoestima e de estabelecer relações mais satisfatórias, contribuindo para uma vida mais plena e realizada.

Caso Clínico: Maria e o Complexo de Édipo

Maria, 35 anos, buscou ajuda psicanalítica por apresentar dificuldades em seu relacionamento conjugal. A paciente relatou sentir-se muito irritada com o marido e que constantemente discutiam por causa de coisas banais, como a arrumação da casa ou a divisão de tarefas domésticas. Segundo Maria, seu marido era uma pessoa muito tranquila e passiva, o que a fazia sentir ainda mais irritação e impaciência. Ela também contou que tinha dificuldade em expressar seus sentimentos e que muitas vezes sentia-se vazia e sem propósito na vida.

Ao longo da análise, Maria revelou que tinha uma tendência a se auto sabotar e que muitas vezes se punia por coisas que não eram sua responsabilidade. Ela também tinha um histórico de abuso emocional na infância por parte do pai, o que contribuiu para o desenvolvimento de uma baixa autoestima e uma sensação constante de inadequação.

A análise aprofundou-se em questões mais profundas e Maria começou a expressar sentimentos de raiva e ressentimento em relação ao marido e à vida em geral. Foi então que surgiu a ideia de que o complexo de Édipo mal resolvido poderia estar interferindo em sua relação conjugal e em sua vida em geral.

Segundo Freud, o complexo de Édipo é um processo psicológico natural e universal em que a criança desenvolve desejos amorosos e sexuais em relação ao progenitor do sexo oposto e rivalidade com o progenitor do mesmo sexo. Na análise de Maria, ficou evidente que seu complexo de Édipo não havia sido resolvido de forma adequada, o que se manifestava em sua dificuldade em estabelecer relações saudáveis e satisfatórias.

Maria tinha uma forte pulsão de morte que se manifestava em sua tendência a se auto sabotar e em sua dificuldade em expressar emoções positivas. Ela também tinha uma tendência a projetar sua raiva e ressentimento no marido, o que contribuía para a deterioração do relacionamento.

Através da análise, Maria começou a reconhecer e a trabalhar com sua pulsão de morte, aprendendo a expressar suas emoções de uma forma mais saudável e a assumir a responsabilidade por suas próprias ações. Ela também foi capaz de entender melhor seu complexo de Édipo e como isso afetava sua vida adulta.

Maria passou a reconhecer a importância da resolução do complexo de Édipo na sua vida e como isso poderia contribuir para o seu desenvolvimento pessoal. A análise permitiu que Maria se desvencilhasse de padrões de comportamento destrutivos e que passasse a estabelecer relações saudáveis e satisfatórias com seu marido e com outras pessoas.

Maria aprendeu a lidar com suas emoções e a expressá-las de forma mais assertiva e construtiva. Ela também aprendeu a reconhecer e respeitar seus próprios desejos e necessidades, sem se sentir culpada ou inadequada por isso.

A análise de Maria permitiu que ela reconstruísse

sua autoestima e confiança, além de ajudá-la a encontrar um propósito na vida e a se sentir mais realizada e satisfeita consigo mesma. Maria aprendeu que sua vida não precisava ser governada por seus medos e inseguranças do passado e que ela tinha o poder de mudar sua própria vida.

A resolução do complexo de Édipo mal resolvido foi um processo importante na análise de Maria, pois permitiu que ela entendesse melhor suas dinâmicas emocionais e relacionais. Ela passou a reconhecer e a trabalhar com seus sentimentos de raiva, ressentimento e impaciência, ao invés de projetá-los em seu marido.

Além disso, a análise permitiu que Maria desenvolvesse a habilidade de lidar com seus conflitos internos e externos de forma mais saudável e produtiva. Ela aprendeu a reconhecer e a expressar suas emoções de forma mais assertiva e construtiva, sem se sentir culpada ou inadequada por isso.

Em resumo, a análise de Maria permitiu que ela se libertasse de padrões de comportamento destrutivos e que passasse a estabelecer relações mais saudáveis e satisfatórias com seu marido e com outras pessoas. Ela aprendeu a lidar com suas emoções de forma mais construtiva e a assumir a responsabilidade por suas próprias ações.

A resolução do complexo de Édipo mal resolvido foi um passo importante nesse processo, pois permitiu que Maria entendesse melhor suas dinâmicas emocionais e relacionais. A análise permitiu que ela desenvolvesse a habilidade de lidar com seus conflitos internos e externos de forma mais saudável e produtiva, permitindo que ela encontrasse um propósito na vida e se sentisse mais realizada consigo mesma.

Referência bibliográfica:

Para o caso clínico de Carlos:

Freud, S. (1913). Totem e tabu. Imago Editora.

Freud, S. (1914). Introdução ao narcisismo. Imago Editora.

Jung, C. G. (1971). Psychological types. Princeton University Press.

Klein, M. (1975). Inveja e gratidão e outros trabalhos. Imago Editora.

Winnicott, D. W. (1971). Playing and reality. Routledge.

Para o caso clínico de Maria:

Freud, S. (1923). O Ego e o Id. Imago Editora.

Freud, S. (1925). Algumas consequências

psíquicas da diferença anatômica entre os sexos. Imago Editora.

Klein, M. (1932). *A psicanálise de crianças.* Zahar.

O PROCESSO PSICANALÍTICO

O processo psicanalítico é a base da abordagem terapêutica da psicanálise. Trata-se de um método complexo e profundo que visa ajudar o paciente a explorar o seu mundo interno, compreender melhor suas emoções, sentimentos e pensamentos, e, assim, lidar de forma mais efetiva com os desafios da vida. Neste capítulo, será apresentado o processo psicanalítico em suas etapas e técnicas, com o intuito de elucidar as características e particularidades dessa abordagem terapêutica.

Nesse sentido, é importante ressaltar que a psicanálise é uma abordagem terapêutica que se baseia no diálogo entre o analista e o paciente, tendo como objetivo a compreensão dos processos mentais inconscientes que influenciam o comportamento humano. Para que esse diálogo seja efetivo, é preciso que o paciente se sinta seguro e acolhido pelo analista, que, por sua vez, deve se mostrar empático e compreensivo em relação às dificuldades do paciente.

O processo psicanalítico é composto por diversas etapas e técnicas, que serão apresentadas ao longo deste capítulo. É importante destacar que o processo é individualizado e pode variar de acordo com as necessidades e características de cada paciente. Além disso, o processo é um caminho longo e complexo, que exige tempo, dedicação e esforço tanto do paciente quanto do analista.

Por fim, vale ressaltar que o processo psicanalítico não é uma terapia de curto prazo, e pode levar anos para ser concluído. No entanto, os benefícios que a psicanálise pode trazer para a vida do paciente são imensuráveis, possibilitando o desenvolvimento de uma maior consciência de si mesmo, o aprimoramento das relações interpessoais e uma melhor qualidade de vida.

As etapas do processo psicanalítico

Entrevista inicial: o processo psicanalítico começa com uma entrevista inicial em que o paciente é encorajado a falar livremente sobre sua história de vida, problemas atuais e quaisquer outros aspectos relevantes de sua vida. Esta etapa é fundamental para estabelecer uma relação terapêutica e para definir os objetivos do tratamento.

Algumas perguntas que o analista pode fazer durante a entrevista incluem:

Quais são os principais problemas que o levaram a procurar ajuda?

Há quanto tempo você vem enfrentando esses problemas?

Como esses problemas afetam sua vida diária e seus

relacionamentos?

Você já procurou ajuda antes? Se sim, qual foi a abordagem terapêutica utilizada?

Quais são suas expectativas em relação ao tratamento psicanalítico?

Como você se sente em relação à ideia de falar sobre sua vida e seus problemas com um analista?

Quais são seus objetivos em relação ao tratamento psicanalítico?

Essas são apenas algumas das perguntas que podem ser feitas durante a entrevista inicial, e é importante lembrar que cada entrevista é única e individualizada de acordo com as necessidades e características do paciente. O objetivo da entrevista é estabelecer uma relação de confiança e empatia entre o paciente e o analista, de forma a criar um ambiente seguro para o paciente explorar seus problemas e emoções.

Associação livre: esta é uma técnica utilizada na

psicanálise em que o paciente é encorajado a falar livremente sobre qualquer coisa que venha à mente, sem se preocupar com a lógica ou a coerência. O objetivo é explorar o inconsciente do paciente e acessar emoções, memórias e fantasias que possam estar causando seus problemas psicológicos.

Freud citou vários exemplos de associação livre em seus escritos e casos clínicos. Aqui estão alguns exemplos:

Em seu livro "A Interpretação dos Sonhos", Freud relata o caso de um paciente que, ao associar livremente a palavra "Schwyz" (uma cidade na Suíça), chegou a uma lembrança de um encontro sexual com uma mulher em um hotel em Schwyz. A associação livre levou a um material que era inconsciente e que estava relacionado às preocupações sexuais do paciente.

Em outro caso clínico, Freud relata que uma paciente associa livremente a palavra "arco-íris" e chega a um material que está relacionado à sua infância e a sentimentos de inveja em relação a sua irmã.

Em seu famoso caso clínico do "Homem dos Lobos", Freud utilizou a técnica da associação livre para ajudar o paciente a recuperar memórias traumáticas que estavam reprimidas em seu inconsciente.

Em suas cartas para Wilhelm Fliess, Freud usou a associação livre para explorar seus próprios pensamentos e emoções, e desenvolveu algumas de suas teorias mais importantes, como a teoria do Complexo de Édipo.

Esses são apenas alguns exemplos de como a técnica da associação livre foi usada por Freud na psicanálise para ajudar a acessar material inconsciente e entender melhor as questões psicológicas dos pacientes.

Análise dos sonhos: os sonhos são uma importante fonte de material para a psicanálise. Durante o processo psicanalítico, o paciente é encorajado a falar sobre seus sonhos e o terapeuta ajuda a interpretar o significado simbólico dos mesmos.

Alguns exemplos de análise dos sonhos em Freud incluem:

O "Sonho da Injeção de Irma": Este sonho foi relatado por um de seus pacientes, Irma, e descreveu uma cena em que Freud estava tentando administrar uma injeção em Irma, mas a seringa quebrou e uma substância verdejante escorreu do corpo dela. Freud interpretou o sonho como uma manifestação do desejo inconsciente de Irma de ter relações sexuais com ele, e que a substância verdejante representava a culpa que ela sentia por ter esses desejos.

O "Sonho da Esfinge": Este sonho foi relatado por um outro paciente, que sonhou que estava olhando para uma esfinge com os seios expostos. Freud interpretou o sonho como um símbolo do desejo do paciente de ter uma mãe amorosa e protetora, mas que também possuía uma atração sexual por ela.

O "Sonho da Inundação": Freud relatou um de seus próprios sonhos em que ele estava em uma casa que foi inundada por uma enxurrada de água. Ele interpretou o sonho como um medo do próprio desejo sexual e uma tentativa de suprimi-lo.

Esses são apenas alguns exemplos de como a análise dos sonhos foi usada por Freud para entender os processos mentais inconscientes de seus pacientes e, consequentemente, ajudá-los a lidar com seus problemas psicológicos.

Resistências: as resistências são defesas psicológicas que o paciente usa para evitar entrar em contato com emoções ou pensamentos dolorosos. Durante o processo psicanalítico, o terapeuta ajuda o paciente a identificar e superar essas resistências.

Freud definiu as resistências como defesas psicológicas que impedem o paciente de acessar e lidar com pensamentos, emoções ou memórias dolorosas. Algumas das resistências mais comuns encontradas na prática psicanalítica são:

Esquecimento seletivo: o paciente se esquece de eventos ou experiências que poderiam ser relevantes para a análise.

Desvio do assunto: o paciente muda o tema da conversa ou evita falar sobre certos assuntos.

Silêncio: o paciente se recusa a falar ou responde de forma evasiva.

Negativa: o paciente se recusa a aceitar ou reconhecer certos aspectos de si mesmo ou de sua história.

Identificação com o analista: o paciente tenta se comportar de forma a agradar ou impressionar o analista, em vez de expressar seus próprios sentimentos e pensamentos.

Freud descreveu muitos exemplos de resistências em sua obra, como por exemplo no "Estudos sobre a histeria" (1895) e em "A Interpretação dos Sonhos" (1900). Em sua prática clínica, ele frequentemente encontrava resistências nos pacientes e desenvolveu diversas técnicas para ajudá-los a superar essas defesas e avançar na análise.

Transferência: a transferência é um fenômeno em que o paciente projeta sentimentos e emoções em relação a outras pessoas, como pais ou figuras de autoridade, para o terapeuta. O terapeuta utiliza a transferência para ajudar o paciente a explorar seus padrões relacionais e suas emoções inconscientes.

Freud descreveu diversos exemplos de transferência em sua prática clínica, dentre eles:

O paciente transfere sentimentos de amor ou ódio em relação a uma figura significativa de sua vida (como pais, irmãos, amigos) para o terapeuta, como se este ocupasse o lugar da figura significativa em questão.

O paciente transfere para o terapeuta sentimentos e emoções que não consegue lidar em outros aspectos de sua vida, como sentimentos de raiva, tristeza, desejo sexual, entre outros.

O paciente transfere para o terapeuta o papel de uma figura de autoridade ou protetora, esperando que este o proteja e cuide dele como uma figura materna ou paterna.

O paciente transfere sentimentos de culpa ou vergonha em relação a algo que fez ou pensou para o terapeuta, esperando que este o perdoe ou absolva de sua culpa.

Esses são apenas alguns exemplos de transferência, que são comuns em situações terapêuticas, mas também podem ocorrer em outras situações da vida. O papel do terapeuta é trabalhar com esses sentimentos transferidos pelo paciente, ajudando-o a compreender e elaborar as emoções inconscientes que estão sendo projetadas.

Conclusão: quando os objetivos do tratamento foram atingidos, o terapeuta e o paciente trabalham juntos para concluir o processo psicanalítico de forma adequada. Esta etapa é importante para consolidar as conquistas do paciente e prepará-lo para lidar com as dificuldades futuras.

Referência bibliográfica:

FREUD, Sigmund. Obras completas de Sigmund Freud. Rio de Janeiro: Imago, 1996.
Freud, S. (1913). Sobre a técnica da psicanálise (Standard Edition, Vol. XII). Hogarth Press.

APLICAÇÕES DA PSICANÁLISE NA ATUALIDADE

Uma das aplicações mais amplas da psicanálise é no tratamento de problemas psicológicos e emocionais. A psicanálise tem sido usada com sucesso no tratamento de uma variedade de transtornos, como depressão, ansiedade, transtornos alimentares, dependência química, problemas de relacionamento e muitos outros. Através do processo psicanalítico, os pacientes são capazes de explorar seus pensamentos e emoções mais profundas, identificar padrões de comportamento disfuncionais e trabalhar para superar seus problemas.

Além disso, a psicanálise também tem sido aplicada

em outras áreas, como na educação, na cultura e na política. Na educação, a psicanálise tem sido usada para entender a dinâmica do aprendizado e para desenvolver estratégias para ajudar os alunos a lidar com o estresse e a ansiedade. Na cultura, a psicanálise tem sido usada para analisar obras literárias, cinematográficas e artísticas, bem como para entender a dinâmica de grupos e comunidades.

A psicanálise também tem sido aplicada na política, especialmente na análise de questões como racismo, preconceito e desigualdade social. A psicanálise pode ajudar a entender a origem e as causas de tais problemas, bem como desenvolver estratégias para superá-los.

Por fim, a psicanálise também é amplamente utilizada na pesquisa acadêmica em várias áreas, como psicologia, sociologia, antropologia, literatura e filosofia. A teoria psicanalítica continua a ser uma fonte rica de ideias e conceitos para pesquisadores em todo o mundo.

Em resumo, a psicanálise tem muitas aplicações importantes na atualidade, desde o tratamento de problemas psicológicos e emocionais até a análise de questões sociais e culturais. A teoria psicanalítica continua a ser uma fonte valiosa de ideias e conceitos, e sua influência na psicologia e na saúde mental é evidente em todo o mundo.

Referências bibliográficas para aprofundar o tema:

Fonseca, T. M. G., & Amarante, P. (2017). Psicanálise e Saúde Mental. In P. Amarante, C. M. M. C. L. Carvalho, & R. L. Santos (Orgs.), Saúde Mental e Atenção Psicossocial (pp. 303-327). Fiocruz.

Green, A. (2014). A Psicanálise na cultura. Artmed.

Leuzinger-Bohleber, M., Target, M., & Fonagy, P. (2019). Introdução à psicanálise contemporânea. Artmed.

Mitchell, S. A., & Black, M. J. (2013). Freud and Beyond: A History of Modern Psychoanalytic Thought. Basic Books

Perelberg, R. J. (2009). Psicanálise e cultura: O legado de Freud. Civilização Brasileira.

Stolorow, R. D., & Atwood, G. E. (2015). Contexts of Being: The Intersubjective Foundations of Psychological Life. Routledge.

124

CONCLUSÃO

Após explorarmos diversos aspectos da psicanálise, desde sua definição até suas aplicações na atualidade, podemos concluir que essa teoria continua a ter uma grande importância na psicologia e na saúde mental. Ao longo dos anos, a psicanálise tem evoluído e se adaptado, mas ainda mantém sua essência e seus princípios fundamentais.

No Capítulo 2, vimos que a psicanálise busca compreender o funcionamento da mente humana, incluindo a estrutura da personalidade, o inconsciente e as pulsões. Através do processo psicanalítico, os pacientes são capazes de explorar suas emoções mais profundas e identificar padrões de comportamento disfuncionais.

No Capítulo 3, foi discutido o breve histórico da psicanálise, desde sua criação por Sigmund Freud até as mudanças e adaptações que ocorreram ao longo do tempo. Apesar das críticas e contestações, a psicanálise continua a ser uma teoria influente e relevante.

O Capítulo 4 explorou a primeira tópica da psicanálise, que inclui o inconsciente, o pré-consciente e o consciente. Essa estrutura da personalidade é fundamental para entender como a mente funciona e como os pensamentos e emoções são processados.

No Capítulo 5, discutimos os mecanismos de defesa, que são estratégias inconscientes que as pessoas usam para lidar com emoções dolorosas ou conflitos internos. A compreensão desses mecanismos é importante para ajudar os pacientes a superar seus problemas e traumas.

O Capítulo 6 tratou da segunda tópica, que inclui

o id, o ego e o superego. Essa estrutura da personalidade é importante para entender como as pessoas tomam decisões e como suas emoções e impulsos são controlados.

No Capítulo 7, falamos das pulsões, que são forças internas que motivam o comportamento humano. Compreender as pulsões é importante para entender por que as pessoas agem de certas maneiras e como elas podem mudar.

O Capítulo 8 explorou a sublimação, um mecanismo de defesa que transforma impulsos negativos em atividades positivas e produtivas. Esse processo é importante para ajudar as pessoas a lidar com emoções e impulsos difíceis de controlar.

No Capítulo 9, discutimos o complexo de Édipo, uma teoria fundamental na psicanálise que ajuda a entender o desenvolvimento da identidade sexual e o papel dos pais na formação da personalidade.

No Capítulo 10, falamos do processo psicanalítico em si, que é a base da terapia psicanalítica. Esse processo envolve uma relação de confiança entre o paciente e o terapeuta, permitindo que o paciente explore suas emoções mais profundas.

No Capítulo 11, vimos as aplicações da psicanálise na atualidade, desde o tratamento de problemas psicológicos e emocionais até a análise de questões sociais e culturais. A psicanálise continua a ser uma fonte rica de ideias e conceitos para pesquisadores em várias áreas.

Por fim, podemos concluir que a psicanálise é uma teoria complexa e abrangente que oferece uma compreensão única do funcionamento da mente humana. Embora tenha sido criticada e questionada ao longo do tempo, sua influência na psicologia e na saúde mental é inegável.

Através dos seus conceitos e técnicas, a psicanálise oferece um caminho para que as pessoas possam lidar com suas emoções e conflitos internos, permitindo que elas alcancem uma maior compreensão de si mesmas e de suas relações interpessoais.

Apesar de sua complexidade, a psicanálise pode ser aplicada em diversos contextos, desde o tratamento de pacientes em psicoterapia até a análise de questões sociais e culturais. Sua abordagem holística e centrada no indivíduo a torna relevante e importante até os dias atuais.

Em resumo, a psicanálise continua a ser uma teoria influente e relevante na psicologia e na saúde mental. Seus conceitos e técnicas têm ajudado inúmeras pessoas a lidar com seus conflitos internos, entender melhor suas emoções e alcançar uma maior compreensão de si mesmas e do mundo ao seu redor. E, embora a teoria tenha evoluído ao longo do tempo, sua essência e seus princípios fundamentais ainda permanecem como uma das principais fontes de inspiração para os estudiosos e praticantes da área.

REFERÊNCIAS BIBLIOGRÁFICAS:

A interpretação dos sonhos. Editora Companhia das Letras, 2017.

Três ensaios sobre a teoria da sexualidade. Editora Companhia das Letras, 2019.

O mal-estar na civilização. Editora Companhia das Letras, 2010.

Totem e Tabu. Editora Companhia das Letras, 2013.

Além do princípio do prazer. Editora Companhia das Letras, 2019.

Introdução ao narcisismo. Editora Companhia das Letras, 2019.

Psicopatologia da vida cotidiana. Editora Companhia das Letras, 2012.

A negação. Editora Zahar, 2009.

Sobre a psicologia do inconsciente. Editora Vozes, 2013.

O futuro de uma ilusão. Editora Companhia das Letras, 2011.

Nasio, J. D. (2002). Como trabalha um psicanalista. Rio de Janeiro: Jorge Zahar Editor.

Nasio, J. D. (2003). O olhar em psicanálise. Rio de Janeiro: Jorge Zahar Editor.

Nasio, J. D. (2011). A loucura de Isabella. Rio de Janeiro: Jorge Zahar Editor.

Nasio, J. D. (2012). A palavra e o vínculo amoroso. Rio de Janeiro: Jorge Zahar Editor.

Nasio, J. D. (2013). O prazer de ler Freud. Rio de Janeiro: Jorge Zahar Editor.

Nasio, J. D. (2014). O Livro da Paixão. Rio de Janeiro: Jorge Zahar Editor.

Nasio, J. D. (2015). Como trabalha um terapeuta familiar. Rio de Janeiro: Jorge Zahar

Editor.